Penispeter und Hodenhannes Teil 2
Die Rebellion der Hoden

Wie ein kleiner Sack die Welt verändert

AF187791

„Mit Respekt schaut er mich an!
Behandelt mich wie einen Mann.“

Ilgen Spock

Penispeter und Hodenhannes Teil 2
Die Rebellion der Hoden

Wie ein kleiner Sack die Welt verändert

Ilgen Spock

Die Deutsche Nationalbibliothek verzeichnet diese Publikation in der Deutschen Nationalbibliografie; detaillierte bibliografische Daten sind im Internet über http://dnb.dnb.de abrufbar.

Illustration: Ilgen Spock

Herstellung und Verlag: BoD – Books on Demand, Norderstedt

ISBN: 9-783-746-018-690

Inhaltsverzeichnis:

RÜCKBLENDE

Es ist ein dämmriger Abend. Auf der Straße sind kaum andere Menschen und Hodenhannes spaziert den Weg entlang. Das Wetter ist recht mild und die Laternen beginnen gerade zu leuchten.

Es ist viel geschehen und Hodenhannes erinnert sich.
„Was tat ich die letzten Jahre nur?
Ich folgte Penispeters Spur.
Was er sagte war gesetzt.
Egal ob es mich auch verletzt.

Benutzt hat er mich pausenlos!
Was dachte ich mir dabei bloß?
Beim Sex war ich nur zweites Glied.
Frauen ich so nie bestieg.
Doch er! Er lebte seinen Spaß!
Ein Gefühl - das ich vergaß.

So manches Mal hab ichs erkannt -
da kam er aber angerannt.
Sofort und voller Raffinesse
bekam ich geistig auf die Fresse.
Im Kopf hat er mich abgelenkt,
hat mein Geist total verrenkt.
Gab es mal im Hirn ein Licht,
löschte er es und sagte: „Denk nicht!"

Doch ich weiß es noch genau,
beim Fußball wurde ich dann schlau.
Ich spürte wies im Leben ist;
wenn du selbst dein Herrscher bist.
Wenn ich allein bestimmen kann
wie ich Fehlschläge schnell verbann.
Schlagartig wurde mir klar:
In meinem Leben bin ich der Star!

Was Penispeter lernen muss:
„Denke immer bis zum Schluss!"
Denn ohne mich fehlt ihm was.
Ohne mich wirkt er ganz blass.
Was ein Sack wie ich versteht:
„Das ohne mich nun auch nichts geht!"

So nahm ich es dann in die Hand,
hab ihn aus mei'm Leben verbannt.

Und in Zukunft. Irgendwann!
Kommt er zu mir – aber dann!
Dann will er sicher wieder Frieden.
Dann sage ich: „Wir sind geschieden!
Du bist und bleibst ein Arschgesicht!
Deine Freundschaft will ich nicht."

So geh ich meinen Weg allein.
Nichts könnt gerade schöner sein."

ENDLICH! UND NUN?

Da geht er hin der Hodenhannes. Ein Mann der es gewagt hat. Ein Typ der seinem Unterdrücker einen Arschtritt verpasste.

Lang stand Hodenhannes im großen Schatten des Penispeter. Wurde immer wieder rumkommandiert und ausgenutzt. Penispeter verfügte sogar über seine Freizeit. Was er sagte und wollte war Gesetz.

Und Hodenhannes? Er war nichts weiter als ein Zuarbeiter. Ein kleiner hässlicher Wicht der alles für Penispeter getan hat. Wäre er nicht gewesen, hätte Penispeter so manches Glückserlebnis nie erleben können. So zieht er durch die Straßen in tiefen Gedanken.

„Endlich kann ich mein Herr sein!
Endlich ist mein Leben mein!
Ich kann tun und lassen was ich will!
Keiner kommandiert. Alles ist still.

Sogar beim Sex da half ich ihm.
Danach konnt ich mich gleich verziehn.
Beigestanden in schwerer Stund,
ein Dank kam nie aus seinem Mund.

Was ich jetzt im Leben tu,
das ist für mich – und das reicht zu.

Leiten lass ich mich nicht mehr.
Ich leb für mich – das ist nur fair!"

So langsam wird es dunkel und Hodenhannes ist müde.
Das kleine Säckel hat es nicht leicht mit diesen kurzen
Beinen. So zieht es ihn nach Hause in sein Bett.

Eine seltsame Ruhe überfällt ihn daheim. Etwas
ungewohnt möchte man meinen. Nur die eigene Stimme
im Kopf. Er schläft ein. Etwas unruhig wirkt er schon.
Aber sein Lächeln im Gesicht zeugt von Zufriedenheit.

Am frühen Morgen klingelt das Telefon. Hodenhannes,
noch etwas verbimmelt von der unruhigen Nacht,
springt aus dem Bett und geht ran.

„Hallo? Wer schellt um diese Zeit?
Ich fühle mich noch ziemlich breit."

Es sind die Freunde LEi und REi.
„Hodenhannes. Guten Morgen. Was wollen wir denn
heute unternehmen?"

„Ihr stellt Fragen. Lasst mich denken!
Wohin werd ich uns heute lenken?
Ich rufe später nochmal an
und arbeit jetzt an einem Plan."

Hodenhannes steht erst einmal auf. Der erste Tag ohne Penispeter! Die Welt steht offen.

„Die Frage was wir heute machen...
Auf jeden Fall lassen wirs krachen!
Nach Weibchen werden wir wohl suchen,
erste Erfolge selbst verbuchen.
Doch zuvor mach ich in Ruh
und auf der Couch die Augen zu. "

So beginnt der erste Tag doch etwas verhalten. Nach zwei Stunden sinnieren auf der Couch ruft Hodenhannes seine beiden Freunde an. Fast hätte er sie vergessen.

„Hei ihr zwei. Mir gehts nicht gut.
Mein Körper heute lieber ruht.
Ich fühl mich schlapp und etwas krank,
ich leg mich heute lieber lang."

Doch Hodenhannes' Gedanken sprechen eine andere Sprache:
„Ich hab heut einfach keine Lust.
Guck lieber Glotze, wohl aus Frust. "

So verbringt er die nächsten Stunden liegend auf der Couch und lässt sich berieseln. War das nicht schon einmal so gewesen?
Es ist bereits Nachmittag und Hodenhannes merkt, dass etwas nicht stimmt. So kann er doch nicht den Tag

verbringen! Er greift zum Telefon und wählt die Nummer von REi und LEi. Doch… er legt wieder auf.

„Mir fällt grad auf: Was soll ich sagen?
Was machen wir? Werden sie fragen.
Mir fällt da wirklich gar nichts ein.
Vielleicht sollt ich heut alleine sein.

Ich gehe raus und suche dann
was man so alles machen kann.
Die ganze Welt erkunde ich
und suche was für die und mich.
So haben wir beim nächsten Mal
ganz bestimmt die Qual der Wahl. "

Der kleine Sack schleift durch die Gassen. Er wechselt die Straßenseiten scheinbar vollkommen unkoordiniert. Schaut dort in ein Fenster und wo anders blättert er in der Werbung an einem Kiosk.
Im Kino kommt ein neuer Film. Heute ist eine Single-veranstaltung in einem Club. Ein Restaurant hat ganz frisch eröffnet und begießt das heute mit einer großen Feier. Nachtbaden ist heute in der Schwimmhalle im Nachbarort.
So viele Möglichkeiten. Hodenhannes sammelt fleißig. Was wird er machen? Nachtbaden ist vielleicht nicht so gut für ihn. Ohne Kleidung wirkt er nicht besonders anziehend. Viele Haare und viel Bauchspeck. Dann doch lieber etwas mit Kleidung. Aber was?

ENTSCHEIDUNGEN

„Die neue Bar am Ortesrand,
die Chance hab ich schon erkannt.
Frauen sind dort sicher viel,
mir dort eine schon mal gefiel.
Dort würd ich sicherlich was finden,
könnt mit ihr auf dem Klo verschwinden.

Die Singlefeier klingt schon gut.
Nur zu viel Männer! Da krieg ich Wut!
Die Kerle renn dort alle hin.
Als hätte das irgendein Sinn.
Die Weiber machen sich ein Spaß.
Eine Erfahrung die ich nie vergaß.

Das Baden ist schon originell.
Auch für mich, trotz vielem Fell.

Da seh ich gleich woran ich bin,
schummeln macht da keinen Sinn.
Da seh ich Frau wie sie nackt ist,
ob da ein großer Makel ist.“

So denkt er hier und überlegt dort. Doch entscheiden kann er sich einfach nicht.

Das war bei Penispeter anders. Der hat klare Ansagen gemacht und es gab auch keine Diskussionen. Mit seinen arroganten Vorstellungen und dieser über-heblichen Art ging er sowieso davon aus, dass er überall Erfolg hat.

Vielleicht fehlt Hodenhannes auch die Frau in seinem Leben. Schließlich dreht es sich in seinem Kopf fast nur um Frauen.

Einige von denen machen klare Ansagen und befehlen den Tagesablauf. Da wüsste er wohin der Weg führt. Und Langeweile gäbe es da nicht. Die sind mitunter schlimmer als Penispeter. Bei dem verstand Hoden-hannes wenigstens den Sinn seines Tuns, auch wenn dieser aus purem Egoismus entstand.

Wie kommt es, dass Hodenhannes so überhaupt nicht fähig ist sich zu entscheiden?

"Wenn ich entscheid in dieser Welt-
es LEi und REi dann auch gefällt?

Wenn es Mist ist was ich tu,
dann reden die mir immer zu:
"Ich solle Penispeter fragen!"
Doch den nicht! Das kann ich sagen.

Eines muss ich wohl gestehn:
Was er tat das ließ sich sehn.
Er wusste immer was gut ist,
Dinge die man nicht vergisst."

So schleicht Hodenhannes noch eine ganze Zeit durch die Straßen. Bis zu einer besonderen Stelle. Es ist vor dem Puff in dem Hodenhannes sein erstes Mal mit einer Frau was hatte. Das war ein Erlebnis! Penispeter hatte ihn damals dazu gedrängt.

Hodenhannes bleibt stehen. Mit großen Augen schaut er in die Ferne. Zuerst bilden seine Mundwinkel nichtssagend eine gerade Linie unter der Nase. So langsam richten sie sich nach oben. Ein Lächeln zieht sich über sein Gesicht. Eine Freude, welche eine Erkenntnis vermuten lässt.

„Ich kenne endlich mein Problem!
Endlich lerne ich verstehn.
Ich brauche jemand der mich führt,
der mein Handeln dirigiert.
Jemand der mir sagt: Wohin!
So ergibt das alles Sinn.

Das Weibel damals sagte es auch:
Dass ich klare Befehle brauch.

Das war doch so, ganz kurz erklärt,
ich habe sie total verehrt.
Mein Ziel war nur ihr Glück gewesen,
ihr Scharm und Körper – so erlesen.
So tat ich alles nur für sie,
um mich ging es dabei dann nie.
Sie sagte: Los! Tu dies, tu das!

Vor Angst wurde ich dann ganz blass.
Angst vor Fehlern die ich mach,
denn dann gab es immer Krach.

Doch dadurch hatte ich zu tun,
konnte mich nicht mal ausruhn.
Immer Aufgaben für mich,
lange Weile gab es nich.

Bei Penispeter wars auch so.
Ihm wischte ich sogar den Po.
Seine Ansagen waren so klar.
Ziel und Weg waren so da. "

Er lächelt mehr und mehr. Er setzt sich nieder, schaut in
den Himmel und freut sich über seine Erkenntnis.
Nun legt er sich hin und breitet die Arme zu den Seiten
aus. Wie ein glückliches Kind, welches auf einer
Blumenwiese liegt und in den Himmel blickt. Nur liegt
Hodenhannes auf dem Gehweg inmitten der kleinen
Stadt.
Verwunderte Blicke zieht er nun nicht nur durch seine
Körperform auf sich, sondern auch durch dieses un-
typische Verhalten.

„Schon immer wurd ich kommandiert,
von Ideen der andren inspiriert.
Das lässt für mich nur ein Schluss zu:
Aus Eigenantrieb ich nichts tu.

Solche Menschen gibt es zu Hauf,
was andre sagen – da hörn sie drauf.
Es ist noch nicht einmal verkehrt,
so ist ihr Leben lebenswert.
Man braucht andere die einen leiten,
auf dem kleinen Rücken reiten.

So ein Mensch bin ich – ganz klar!
Das zeigt mir jedes Lebensjahr.
Meine Erfüllung liegt darin,
dass ich für andere da bin. "

Die Erleuchtung ist gefallen. Hodenhannes braucht jemand der ihm den Weg zeigt. Er ist so ein Typ. Er findet seinen Pfad nicht allein. Ein Bekannter, ein Freund oder ein Gleichgesinnter müssen ihm einen Sinn geben.

So meldet er sich bei LEi und REi heute nicht mehr. Er sieht diese Erkenntnis als besonders an und genießt diesen Prozess seiner Entwicklung allein. Jetzt weiß er was zu tun ist. Ein neuer Freund und Weggefährte der ihm zeigt wo lang es geht muss her.

Doch ob diese Erkenntnis so gut für ihn ist? Ist sie denn richtig? Kann das sein Lebensinhalt sein? Vielleicht hat er recht. Es gibt solche Menschen und er ist eben einer dieser Menschen.

Jedenfalls fühlt er sich gut damit und hat jetzt wieder eine Aufgabe und ein Ziel. Er sucht und schaut nach dem richtigen Freund. Vielleicht einer der ihn gleichwertig behandelt und seine Loyalität zu schätzen weiß.

Für heute geht er nach Hause und begießt seine Intelligenz mit einigen Bier, ganz allein aber zufrieden. Schließlich ist er selbst auf diese Lösung gekommen.

SEHR WÄHLERISCH...

Hodenhannes schläft richtig unruhig. Ihm schwirren so viele Gedanken im Kopf umher. Wie findet er schnell den passenden Kumpel? Worauf muss er achten? Ganz aufgewühlt springt er in seinem Bett umher. Die Augen auf und gleich wieder geschlossen. Dann wird es Zeit auf das Klo zu gehen. Dann wieder schlafen, was noch immer nicht funktioniert. Wenn es der Kopf nicht zulässt findet man eben nur schwer Ruhe.

„Morgen muss ich zeitig raus,
muss in den frühen Tag hinaus.
Auf Arbeit hab ich viel zu tun,
kann mich dort nirgends ausruhn.
Ich muss jetzt schlafen und zwar schnell!
Wie blöd ich mich dafür anstell.

Einfach mal den Kopf ausschalten
und mich total ruhig verhalten.

Jetzt lieg ich schon zwei Stunden hier.
Fünf Stunden noch und dann ists vier.
Fünf Stunden! Das ist doch genug.
Schlaf ich jetzt ein gibts kaum Verzug.
Genügend Schlaf wäre das noch.
Eine Nacht – da geht das doch.

Der Kopf in Arbeit, Schweiß auf der Stirn,
es ist aktiv mein blödes Hirn.
Noch immer winde ich mich rum,
zum schlafen bin ich wohl zu dumm.
In drei Stunden schon muss ich aufstehn.
Wie soll das denn bitte gehn?

Nochmal aufs Klo und Wasser lassen.
Danach ins Bett, ruhig und gelassen.
...
...
Der Wecker klingt: „Oh mein Gott!"
Ich seh aus wie ein Haufen Schrott.

Ich glaub ich schlief nur eine Stund.
Ich hau mir gleich die Fresse wund!
So blöd kann man doch gar nicht sein.
Dazu fällt mir nichts mehr ein."

Wütend, müde und gereizt verlässt Hodenhannes seine Wohnung. Trotzdem wird er sein Ziel heut weiter verfolgen. Gleich nach der Arbeit beginnt er mit der Suche nach einem neuen besten Freund.
Oder vielleicht schon bei der Arbeit? Es ist Mittag und Hodenhannes geht mit seinen Kollegen in die Kantine. Eigentlich ein idealer Ort für neue Bekanntschaften.

„Hm. Der Typ da hat das gleiche Essen.
Daran kann man Ähnlichkeit messen.
Doch irgendwie: so klein und dick.
Ne! Der ist nicht wirklich schick.

Tom da drüben! Fußball mag der auch.
Doch der isst mir zu viel Lauch.
Der riecht schon auf drei Meter weit.
Dazu bin ich nicht bereit.

Der von der Post wäre noch dran.
Sieht aus wie ich. Das war es dann.
Ich mag es nicht gleich auszusehn,
so ähnlich durch die Straßen gehn. "

Die Pause ist vorbei. Hodenhannes begibt sich wieder an seinen Arbeitsplatz, kämpft gegen die Müdigkeit und macht das wirklich tapfer.
Etwas bedrückt wirkt er. Überhaupt kein potenzieller Kumpel beim Mittag gewesen? Aber der Tag ist noch jung und er findet schon einen guten Mitstreiter.

Es ist Nachmittag und der Dienst endlich vorbei. Hodenhannes geht ins Stadtzentrum. Dort ist am ehesten etwas los. Die Stadt ist sowieso eher eine kleine Kleinstadt. Es gibt nicht viele Orte wo jemand unterwegs ist. Da ist das Zentrum schon am besten geeignet.

Eine Gruppe von recht amüsanten Zeitgenossen kommt Hodenhannes entgegen. Sie reden ihn sogar an! Wahrscheinlich weil er so in sich gekehrt wirkt. Die wollen ihn tatsächlich aufmuntern. Sie scheinen sich verbunden zu fühlen, da auch die etwas klein und sackig aussehen.

„Hei! Was ziehst du denn für ein Gesicht? Komm mit uns mit! Wir gehen in die Kneipe. Dort gibt es ordentlich was zu littern!"

„Hm. Die Idee – sie klingt schon toll.
Doch die Kneipe ist schon voll.
Tut mir leid. Ich komm nicht mit.
Ich folge weiter meinem Schritt.
Ich wünsche euch total viel Spaß.
Trinkt auf ex! Das ganze Glas!"

Und die Truppe zieht davon. Hodenhannes wieder allein. Der kleine Sack ist schon recht wählerisch. So richtig verstehen kann man das nicht.

Doch auf einmal reist er seine Augen auf. Ein Stück vor ihm. Er ist von den Socken. Ein begeisterter Gesichtsausdruck. Geballte Freude überkommt ihn.
Eine Gruppe großer stattlicher Typen steht dort. Viel größer als Hodenhannes und jeder hat eine Glatze. Und das steht denen wirklich gut. Sagenhaft! Eine stolze Körperhaltung und dieser eichelförmige Kopf. Wirklich zauberhaft anzusehen. Die Körper lang und schlank. Sehr athletisch sehen die aus. Die treiben bestimmt viel Sport. Das ist es was Hodenhannes will. Er wirkt fast ein wenig verliebt; oder verehrend.

...UND NICHTS GELERNT!

Etwas aufgeregt wirkt er auch. Es ist wie Liebe auf dem ersten Blick. Gesehen! Und sofort wusste er: Einer von denen wird es sein!
Ein wenig erinnern die an Penispeter. So vom ersten Eindruck her. Genau solche Schwanzköpfe wie er. Aber das ist sicherlich Zufall.
Wie soll Hodenhannes nun Kontakt aufnehmen? Es ist nun nicht so wie bei der Gruppe zuvor. Die haben Hodenhannes ja nett und freundlich angesprochen. Bei dem Rudel Schwänze passiert das leider nicht.

Hodenhannes ergreift die Initiative:
„Hallo ihr gut gebauten Leute!
Was treibt ihr denn diesen Tag heute?
Von der Ferne fallt ihr auf,
mir scheint ihr habt es wirklich drauf!"

Die Truppe schaut Hodenhannes verdutzt an. So etwas ist denen auch noch nicht passiert. Eine derart direkte und auch noch so poetische Ansprache. Originell ist das schon.
„Mensch. Deine Art zu reden ist ja nicht schlecht. Das passt überhaupt nicht zu deinem Äußeren. Was interessiert dich unser Tag?"

„Ich bin zwar fremd. Mich gehts nichts an.
Aber bitte denkt daran:
Ich bin loyal und auch auf zack,
es funktioniert was ich anpack!

Mein alter Kumpel, er war wie ihr.
Den schmiss ich einfach vor die Tür.
Ich weiß genau: Ich fehl ihm sehr.
Denn durch mich war er viel mehr.

Nun such ich neue Mitstreiter.
Ich brauche einfach ein Vorreiter.
Einen mit Ideen, der handelt!
Der mit mir durch den Alltag wandelt."

Es wirkt wie beim Vorstellungsgespräch, nur nicht ganz so anbietend. Selbstbewusst tritt Hodenhannes schon auf. Das muss man ihm lassen. Aber irgendwie wirkt es auch unterwürfig. Für manche kommen solche Typen allerdings wie gerufen.

„Wir gehen runter zum Club. Wo denn sonst hin? Da ist heute richtig was los und Frauen haben freien Eintritt. Die Bude wird voll heißer Weiber sein!"

„Die Idee ist wirklich gut.
Endlich ein Plan – wie wohl das tut.
LEi und REi kann ich noch fragen.
Meine Idee! – Das werd ich ihn sagen."

„OK! Ich komme dort mit hin.
Hol nur zwei Freunde ins Boot rinn.
Geht ihr schon vor, ich hol sie ab.
Heut wird gefeiert! Nicht zu knapp."

Gesagt, getan. Hodenhannes geht zu LEi und REi. Er erzählt den beiden von seinen neuen Freunden und was sie heute vorhaben. LEi und REi haben erst keine richtige Lust.

Hodenhannes erzählt gleich ganz aufgeregt was geschehen ist, nur ein wenig zu seinen Gunsten abgewandelt:

„Zufällig traf ich diese Kerle,
jeder glänzte wie eine Perle.
Sie wirkten stark und wohl gestanden.
Wir hatten uns gleich gut verstanden.

Ich schickte sie in den Club vor,
vermasselt mir jetzt nicht die Tour.
Ich sagte: Geht! Wir komm nach.
Kommt doch mit - weil ichs versprach!"

LEi und REi lassen sich nun doch überzeugen:
„OK. Wir kommen mit. Endlich mal wieder was los
hier. Wir müssen morgen zwar wieder arbeiten und
rackern. Aber es ist ja eine tolle Idee die du da hast. Das
muss man dir lassen. Da lohnt sich das schon."

Die drei ziehen sich um, stylen die Haare, üben noch ein
wenig Gesichtsausdrücke vor dem Spiegel und schon
geht es los. Ein Bier für den Weg fehlt natürlich nicht.
Wie in alten Zeiten. So muss es sein.
Noch ein paar Minuten und der Club ist in Sicht.
Hodenhannes wirkt schon etwas aufgeregt. Schließlich
trifft er hier vielleicht seinen potenziell neuen besten
Freud. Das ist schon etwas Besonderes.

„Kommt ihr beiden. Kommt ganz schnell!
Ne' Runde Bier ich gleich bestell.
Dort seh ich sie schon am Rand stehn.
Tragt das Bier! Wir könn hingehn.

Kommt wir drängen durch die Menge,
verschwappt das Bier nicht in der Enge.
Noch ein paar Meter und da sind wir,
dann gebt ihr denen mal das Bier.

Hallo Freunde! Schön euch zu sehn.
Die erste Runde kann auf mich gehn.
Kippt euch schön die Brühe rein.
Der Abend wird besonders sein!"

Und so nimmt der Abend seinen Lauf. Alle amüsieren sich und auch LEi und REi genießen die Party. Sie vergessen sogar, dass sie den nächsten Tag wieder raus müssen und saufen einfach weiter und weiter.
Hodenhannes geht richtig geil auf der Tanzfläche ab. Was ein paar Bier bewirken können. Irgendwann zu später Stunde geht er zur Theke. Jetzt muss es alkoholfrei sein.

Auf einmal spricht ihn einer seiner neuen Freunde an.
„Mensch Hodenhannes! Du bist ein guter Typ! Dass wir dich so allein getroffen haben. Ein richtiger Segen bist du für unsere Gruppe. Und wie du hier abtanzt ist einfach geil. Du beeindruckst damit reihenweise die Weiber. Schau wie die zu dir gucken. Die eine hat mir ihre Nummer für dich gegeben."

Karl von Schwanz ist ein Bewunderer von Hoden-hannes. Ein großer und athletisch gebauter Typ mit einem Kopf wie Penispeter. Aber er scheint viel netter zu sein.

„Meine Güte ist der nett.
Schön gebaut und ohne Fett.
Doch überhaupt nicht arrogant,
hat mich sogar beim Nam' genannt.

Und das obwohl ich ganz neu bin.
Ihn als Freund, das hätte Sinn."

Der Abend neigt sich nun dem Ende. Hodenhannes scheint sichtlich glücklich. Denn er hat wirklich eine neue Bekanntschaft gemacht. Dass es so schnell geht.

WAS MACHT PENISPETER EIGENTLICH?

Jeder geht nun heim. Das wird morgen ein harter Arbeitstag. Besonders für LEi und REi, Hodenhannes hatte sie dann überhaupt nicht mehr gesehen, wird es schwer. Die sind vollkommen betrunken.

Und Hodenhannes? Er wirkt fast wie frisch verliebt, obwohl er doch nur einen neuen guten Kumpel gefunden hat.

Und was treibt der Penispeter eigentlich? Während Hodenhannes alles daran setzt einen neuen besten Freund zu finden ist Penispeter auch sehr aktiv und macht sich so seine Gedanken.

„Jetzt hat der kleine Sack das tatsächlich durchgezogen und ist verschwunden. Er hat mich einfach hängen lassen. Der war so schön hörig geworden. Den hab ich mir so gut erzogen. Und jetzt? Jetzt brauch ich einen neuen Dummkopf. Einen der das genauso mitmacht und es einfach nicht begreift.
Zumindest hab ich noch paar Schnecken in der Hinterhand mit denen ich mir die Zeit vertreiben kann. Nur auf Dauer brauch ich so einen Hodentyp. Sonst sieht es einfach scheiße für mich aus.“

Penispeter weiß, dass er jemand braucht der ihm zuarbeitet. Allein schafft er es nicht.
Ein Schwanz alleine ohne Sack? Da kommt nichts raus.

„Ich brauche jemand, der sich führen lässt. Einen der scheiße aussieht und dem ich überlegen bin. So ein Unterschied zeigt den Weibern ganz klar, dass sie mit mir immer besser dran sind. Das müssen die sofort sehen!

Allerdings muss er auch kämpferisch und stark sein. Schließlich verlange ich ihm einiges ab. Da braucht es kein Weichei.

Und ein wenig Klugheit ist nicht verkehrt. So muss ich mich nicht um alles kümmern. Nur zu schlau darf er nicht sein, sonst haut er mir wieder ab.

Am besten er hat noch Geld und arbeitet. Sodass ich es nicht machen muss. Es reicht wenn sich einer die Dinge für uns leisten kann. Ich mach dann lieber mein Ding, was eh keiner versteht. Nur arbeiten, das gehört nicht dazu."

Die Vorstellungen sind klar und das Ziel ist gesetzt. Jetzt geht es ans Eingemachte. Penispeter geht in eine Bar. Allerdings möchte er dort nicht allein hin. Das ist ihm unangenehm.

Er fragt einfach eine seiner Weiber. Die kann er irgendwo hinsetzen. Dort bleibt sie dann auch und läuft nicht weg. Das liegt an seiner Zielgruppe.

Penispeter hat ganz klare Vorstellungen. Der IQ darf maximal das Doppelte des Alters betragen. Und die Rechnung geht auf! Mit höherem Alter dürfen die Frauen etwas klüger werden. Denn mit dem Alter der Frau steigt wiederum die Gefügigkeit zu dem jungen athletischen Schwanzkopf. Die Optionen gehen den Frauen nämlich einfach aus. Somit sind sie gefügiger, obwohl sie intelligenter sind. Das sind Erfahrungswerte und über Generationen weitergegeben in der Familie Penis.

Ein weiteres Kriterium ist natürlich das Aussehen. Da legt sich Penispeter jedoch nicht fest. Wenn ein paar Eckdaten stimmen ist der Rest flexibel. Und es kommt auch auf den Zweck an.

Nachdem er mit dem passenden weibischen Objekt in der Bar erscheint hält er Ausschau nach einem neuen Lakaien, also „Kumpel".

Und er sieht einen Hodentyp. Der ist richtig mopselig. Der kann sicherlich gut zuarbeiten. Seine speckischen Beine wirken so kurz, das sieht sehr hinderlich aus. Genau richtig um das Weibel in den Plan zu integrieren.

„Hei meine Liebe. Weißt du was ich an Frauen bewunder? Wenn sie sich auch mit hässlichen Typen abgeben. Mit Typen, die einfach nicht so gesegnet wurden wie ich.

Schau mal der da drüben zum Beispiel. Der ist breiter als hoch. Furchtbar sieht der aus. Und diese Beine. Damit kann er nicht wirklich etwas anfangen. Für den würde ein Traum in Erfüllung gehen wenn du nur mit ihm redest. Glaub mir!"

Penispeter beobachtet sie noch ein paar Sekunden, nachdem er ihr das alles gesagt hat. Das ist aus zwei Gründen wichtig. Zum einen benötigt sie etwas Zeit und Ruhe für die Informationsverarbeitung. Also achtet er darauf, dass keine Ablenkungen dazwischen funken.

Und er muss auch sicher gehen, dass sie die Informationen tatsächlich aufgenommen hat. Dafür gibt es klare

Indikatoren. Wenn sie beispielsweise kaut, da muss nichts im Mund sein, zeigt dies eine Erhöhung der Hirnaktivität und verweist somit auf Datenspeicherung.

Alles scheint OK. Sie ist geistig ausgerichtet. Jetzt nur keine neuen Informationen geben. Erfahrungsgemäß sind die letzten Mitteilungen am prägendsten für das folgende Verhalten.

Penispeter geht zu dem Hodentyp.
„Hei! Mensch du wirkst unglücklich. Pass auf. Ich mach dich glücklich. Einfach weil ich ein netter Kerl bin. Ich habe hier ein Parfum. Es ist eine ganz besondere Mixtur und ich erzähle keinem woher sie stammt.
Ich sprüh dich damit ein und die Frauen werden auf dich stehen. Du glaubst nicht? Vertrau mir! Geh zu der heißen Kirsche da rüber und sprech sie an. Sie wird dich nicht abweisen."

Penispeter sprüht. Es riecht wirklich komisch. Das ist so ein Essigreiniger. Warum hat der gerade so etwas mit? Jedenfalls ist das Aroma so exotisch, dass es schon wieder besonders ist. Wie bei Medizin. Sie schmeckt nicht. Aber genau dann hilft sie, so denkt man.
Der Hodentyp geht zur besagten Frau. Sie ist geistig noch voll auf Einfühlsamkeit ausgerichtet. Es passt! Beide unterhalten sich. Und beide sind glücklich. Sie weiß, dass Penispeter so etwas mag. Den Respekt vor optischen Unfällen.

Und er, der Hodentyp? Endlich redet mal eine Frau mit ihm. Das ist so noch nie passiert! Manchmal ruft er die Zeitansage an, damit er länger eine Frauenstimme hört. Im Auto fährt er stets mit Navi und spielt, dass seine „Beifahrerin" den Weg navigiert.

Sie reden bestimmt fünfzehn Minuten. Der Hodentyp geht wieder weg. Er ist glücklich, zufrieden und, das ist am wichtigsten, Penispeter unendlich dankbar. Sie tauschen die Telefonnummern.

„Ich bin dir was schuldig. Danke!!!"Sagt der Hodentyp.

Das ist Musik in Penispeters Ohren. Bei Schuld wird er regelrecht geil.

Der Hodentyp geht mit einem breiten Grinsen raus aus der Bar. Und Penispeter zeigt seiner Begleitung wie begeistert er davon ist, dass sie sich mit dem dicken Hodentyp abgegeben hat. Er treibt es mit ihr am Abend, in der Nacht und bis rein in den nächsten Morgen. Das hat sie sich verdient. Stolz ist sie auf sich.

DAS FÄLLT SCHON AUF

Bereits am nächsten Tag ruft der Hodentyp bei Penispeter an und will ihn treffen. Er malt sich gedanklich seine neuen Erfolge schon aus. Wie die Frauen auf ihn stehen. Allein wie es auf der Straße wirkt, wenn so ein gut gebauter großer Schwanztyp mit ihm unterwegs ist. Ein ganz neues Leben winkt dem kleinen dicken Hodenmann.

Penispeter erkennt natürlich sofort die Situation. Wie der Hodentyp schon fragt. Ganz vorsichtig und aufgeregt. Penispeter weiß natürlich genau was zu tun ist und antwortet:
„Hm. Ach du bist der Typ von gestern Abend, richtig? Ich weiß wieder.
Ich glaube etwas Zeit habe ich dann schon. Wir treffen uns Nachmittag an der Ecke bei der Bar. Eine genaue Zeit kann ich nicht sagen. Warte einfach bis ich da bin!"

Auf keinen Fall zu viel Selbstvertrauen aufbauen! Das ist die klare Regel von Penispeter. Und die beherrscht er gut. So ein Fehler wie bei Hodenhannes passiert ihm sicherlich nicht noch einmal.
Der Hodentyp ist etwas verdutzt, kommt aber natürlich zum Treffen. Schließlich erhofft er sich richtig viel von der Freundschaft. Was so ein kleines fremdverschuldetes Erfolgserlebnis ausmacht, einfach Wahnsinn!
Es ist zwei Uhr am Nachmittag und der Hodentyp wartet. Es dauert eine halbe Stunde bis er auf der anderen Straßenseite einen Penistyp sieht. Stolz und aufrecht präsentiert der sich. Auch dieser hat einen Hodenmann dabei. Etwas verkümmert wirkt der kleine

Sack. Untergeben möchte man meinen. Aber wen kümmert es. Der Hodentyp wartet weiter.

Nach einer Weile bemerkt er, dass sich die Leute von ihm abwenden. Sie deuten dabei auf ihre Riechkolben. Der Hodentyp hat noch dasselbe an wie gestern Abend und da hat es doch positiv gewirkt!? Die Frauen, zumindest die eine, schienen angetan. Heute scheint die Magie verflogen. Vielleicht hat er zu sehr geschwitzt und die Mischung ist jetzt etwas ungünstig.

„Ich brauche dringend neues Duftzeug!"
denkt er sich und wartet verzweifelt auf Penispeter.

Endlich! Er sieht Penispeter die Straße rauf kommen. Nur drei Stunden warten und dafür das Leben fundamental verändern. Das ist doch OK.

Penispeter erkennt gleich die Situation und sagt:
„Grüß dich. Was guckst du denn so bettelnd?"

Der Hodentyp ist ihm wirklich auf den Leim gegangen, wie ein Junkie:
„Ich brauch etwas von dem Duftzeug gestern! Das hat mein Leben verändert. Aber es wirkt nicht mehr!"

Natürlich hat Penispeter heute keine Frau im Schlepptau. Keine die ihre Rolle spielen kann und den Schwindel unterstützt.

Doch Penispeter ist erfinderisch und sagt ihm:
„Heute versuchst du es ohne meine Hilfe. Vielleicht schaffst du es!"

Der Hodentyp nimmt seinen Mut zusammen und spricht eine Frau an. Er geht gleich aufs Ganze und pickt sich die Schönste raus.
Was macht sie? Sie schaut zu ihm runter, die Duftwolke steigt empor. Sie kann nicht anders. Ihr drückt es die Tränen in die Augen. Mehr als ein: „Gehen sie weg! Das ist widerlich!" bekommt sie nicht raus.
Das Selbstvertrauen ist komplett im Eimer. Noch mehr als vorher bettelt er nun Penispeter um seine Hilfe an.
Seltsam oder? Noch vorgestern schien er vermeintlich unabhängig. Ein Trick von dem gerissenen Penispeter und schon ist er auf ihn angewiesen. Da war er vorher sicher glücklicher.

Penispeter baut ihn auf. Natürlich! Das muss er schon tun.
„Hei du Hodentyp! Mach dir nichts draus. Es kommen andere. Ich bring dir wieder was von dem Zeug mit und du zeigst es den Weibern dann richtig. Kopf hoch!"

Wie es der Zufall so will. Ein Stück weit entfernt tapst Hodenhannes mit Karl von Schwanz durch die Straßen. Er tapst wirklich! Nämlich hinter Karl von Schwanz her.

Und natürlich sieht er Penispeter und diesen Hodentyp.
„Mensch da ist doch Penispeter
und sein neuer Fußabtreter.
Den hat er ja schon klein gemacht,
der ganze Typ hängt auf halb acht.
So traurig und von Schmerz geknickt,
der wirkt wie nutzlos durchgefickt.

Nur gut! Ich bin da ausgebrochen.
Den Duft der Freiheit gleich gerochen.
Vom Egoist schlicht abgewendet,
die Freundschaft strickt und klar beendet.

Mein neuer Kumpel: Karl von Schwanz –
ist ein Netter und der kanns.
Mit Respekt schaut er mich an!
Behandelt mich wie einen Mann."

Hodenhannes denkt nicht daran zu Penispeter zu gehen.
Ein wenig mulmig ist ihm tief im Inneren nämlich noch
immer zu Mute. Das ist auch verständlich. Beide sind
für lange Zeit Freunde gewesen.
Hodenhannes hat ein Lächeln im Gesicht. Er weiß jetzt,
dass Karl von Schwanz die eindeutig bessere Wahl ist.
Und er ist sogar etwas größer als Penispeter. Aber nicht
dicker.
Penispeter hat in den letzten Tagen schon ein paar
Erlebnisse mit Karl von Schwanz gehabt und erinnert
sich gerade in der Situation sehr gern daran.

„Klettern sind wir erst gewesen!
Karl von Schwanz ist so belesen.
Er konnte mir so viel erklären,
mich mit vielem Wissen nähren.

So erfuhr ich gleich von ihm
wie ich Kletterzeug bedien.
Ich weiß jetzt wie ich sichern kann.
Wenn einer stürzt, ich halt ihn dann.
Darin wurd ich schnell sehr gut
und Karl von Schwanz hat richtig Mut.

Er klettert hoch auf viele Gipfel!
Sieht von oben die Baumwipfel.
Mich nimmt er zwar noch nicht mit hoch.
Zu klein, zu dick– das stimmt auch noch.

So sicher ich ihn von unten gern.
Sein Gipfel ist für mich noch fern.
Doch dass ich Teil davon bin,
es zeigt mein ganzen Neubeginn.
Ich mache und erreich so viel,
bin wieder stolz und habe Stil."

Hm. Karl von Schwanz erstürmt die Gipfel und der kleine Dicke steht unten und sichert. … Wenn es ihn glücklich macht.

Hodenhannes und Karl von Schwanz gehen weiter.

„Gehts dir gut mein Freund?" Fragt Karl von Schwanz ganz interessiert.

„Ja! Ich fühl mich wirklich fein.
Es könnte grad nicht schöner sein!"

Hodenhannes schaut in die Gegend. Auf einmal bemerkt er etwas Sonderbares. Überall so viele Schwanzköpfe. Und fast alle haben solche kleinen Hodenkumpel. Witzig sieht das schon aus. Die traben auch alle so unterwürfig ihrem großen Schwanzkopf hinterher. Da scheint kaum einer glücklich zu sein.

„Das sind ja paar schräge Typen!
Die gehen nur mit, so wie Polypen.
Nur gut! Bei uns da ists nicht so.
Ich krieche dem nicht in den Po.
Was ich will das zählt hier mit,
ich bestimm den nächsten Schritt.

Gut! Ok, er läuft voran!
Doch wenn ich was hab, da ruf ich dann!
Ich sag dann nur wonach mir ist
und weiß dass er das nicht vergisst."

PENISPETER UND DIE ARBEIT

Penispeter ist mit seinem neuen Hodentyp sehr zufrieden und vermisst Hodenhannes kaum noch. Lediglich der berufliche Ehrgeiz von Hodenhannes könnte beim neuen Hodentyp vorhanden sein. Da ist nicht ganz so viel Engagement dahinter.

Es wäre für Penispeter schön wenn der Hodentyp erfolgreicher wird. Da ist wieder das Thema mit dem Auto und dem Arbeitsplatz. Es wäre schon besser für Penispeters Ansehen. Er könnte mit gewohnter Manier auf den Putz hauen. Aber Vorsicht ist geboten! Mehr Erfolg erzeugt mehr Selbstvertrauen. Das kann zu mehr Selbstständigkeit führen. Ein heikler Balanceakt.

Aber warum kauft Penispeter sich nicht einfach ein richtig tolles Auto oder prahlt mit seinem Job?

Was macht er doch gleich?

„Ich hoffe der neue Hodentyp fragt mich nicht nach meiner Arbeit. Das würde noch fehlen. Da muss ich wieder so rumeiern. Ich muss den beschäftigen! Dann fängt der nicht an interessiert zu tun und zu fragen.

Ich muss jetzt sowieso erst einmal los und mich um meine Geschäfte kümmern."

Geschäfte? Penispeter macht schon lange ein Geheimnis aus seiner Arbeit, wenn er denn überhaupt arbeitet. Sehr schwer kann es nicht sein, denn er wirkte schon zur Zeit der Freundschaft mit Hodenhannes ziemlich entspannt. Zudem er kaum zeitliche Verpflichtungen zu haben scheint.

„Hier ein Klick und da ein Klick. Hmm, genug für heut verdient. Ein Auto kaufen? Bloß nicht. Das Geld dafür kann ich anders gebrauchen. Wie soll sich etwas vermehren das ich nicht mehr hab? So ein Auto. Das verbrennt mein schönes Geld. Da fahre ich lieber eins das mir nicht gehört.
Mein Geld verlieren und in die Wirtschaft pumpen. Ich kann nur lachen darüber!
Je mehr Geld ich habe, desto weniger muss ich tun um noch mehr zu erhalten!"

Durch Arbeit schafft man einen Beitrag für alle in der Gesellschaft. Das weiß Penispeter. Und es ist einfach nicht so sein Ding.
Man kann von der Einstellung halten was man will. Ihm tut es gut. Kein Stress, keine Pflichten sondern einfach das freie Leben. Das funktioniert allerdings nur, wenn wenigstens andere arbeiten. Irgendjemand muss ja wirtschaften.
Und da ist die Kunst der Motivation durch jemand wie Penispeter gefragt. Und das kann er sehr gut. Zumindest hat er Hodenhannes damit lange gefügig gemacht. Und jetzt dieser neue Hodentyp, na mal sehen.

DAS ALTE SPIEL

Hodenhannes hat sich davon losgerissen und sein Leben in eine neue Bahn gelenkt. Das muss man erst einmal schaffen.
Mit seinem neuen Kumpel Karl von Schwanz hat er jemanden gefunden der ihn achtet und respektiert. So empfindet es Hodenhannes zumindest.
Auch LEi und REi sind von Karl von Schwanz begeistert.

Hodenhannes weiß es:
„Dieser Typ, er ist schon fair.
Ihn zu mögen fällt nicht schwer.
Was er sagt, es baut schon auf.
Motivation! Das hat er drauf.

Respekt bringt er mir stehts entgegen.
Ich kann mit ihm so viel erleben.
Das Klettern grad, es ist so schön.
Gut, er lässt mich unten stehn.
Doch tut er das aus nur einem Grund:
Er will dass ich bleibe gesund.

Er weiß, dass ich es noch nicht schaff,
der einzge Grund: Ich bin zu schlaff.
Doch wenn ich fest daran arbeit,
dann bin ich dafür auch bereit.

Dann nimmt er mich wohl auch mit rauf –
wenn ich vor Fettheit nicht mehr schnauf. "

So weiß Hodehannes ganz genau, dass Karl von Schwanz ein Segen für ihn ist. Und da kommt er auch schon zu Hodenhannes.

„Hei Hodenhannes. Na, wie war der Tag bis jetzt? Ich hoffe schön. Mein lieber Freund. Ich möchte gern einkaufen gehen. Ich brauch ein paar neue Sachen und so einigen anderen Kram. Hast du vielleicht Lust mich zu begleiten? Ich will ins große Einkaufszentrum. Könntest du ausnahmsweise fahren?"

Hodenhannes denkt sich darauf:
„Mensch! Das kenn ich so noch nicht!
Für Penispeter war das nüscht.
In dem Zentrum, da ist schon viel los.
Ich war ihm peinlich. Ich dicker Kloß.

Wenn uns andre Menschen sahn,
dann hat er immer blöd getan.
Entweder schuppste er mich rum,
behandelte mich total dumm.
Oder aber er tat dann so,
als pflegt er mich. Was für ne Show.

Jedenfalls: Er stand nicht zu mir!
Außer beim saufen von viel Bier.

Dann schien ihm alles scheiß egal,
doch da war es für mich die Qual. "

Darum antwortet er voller Enthusiasmus:
„Karl von Schwanz! Es ist doch klar!
Natürlich bin ich für dich da.
Gern begleit ich dich da hin.
Ich bin dein Freund! Da macht das Sinn.

Mein Auto? Ja! Das könn wir nehm.
Der Platz ist groß, es passt bequem.
So kriegen wir all dein Zeug weg.
Ich denk das hat ein guten Zweck.

Vielleicht finden wir auch was für mich!?
Ich gefall mir zurzeit nich.
Mein neues Leben steht doch an.
Ich will Kleidung die das zeigen kann!"

So ziehen die beiden los. Karl von Schwanz nimmt das
Zepter in die Hand. Er kennt sich in dem Einkaufszentrum auch richtig gut aus. Da macht es schon Sinn,
dass er vorn weg geht.
„Komm Hodenhannes! Dort gibt es tolle Hüte. Ich
wollte schon immer mal einen neuen Hut haben. Die
stehen mir richtig gut. Was sagst du zu dem Model?"

„Der Hut verdeckt dein Eichelkopf,
sieht etwas aus wie ein Kochtopf."

„Hm. Das will ich nicht. Und das Modell?"

„Ein Zylinder? Na ich weiß es nicht.
Zu viel Schatten im Gesicht."

„Das ist ja schwer. Aber dieses Ding hier passt! Oder?"

„Na gut, ich denke mal es geht.
Der dir schon am besten steht!"

Und weiter geht es zu den Schuhen. Dann zu den
Hemden. Und das ist noch nicht genug! Jacken, Shirts
und Pullover kommen auch dazu.

„Hodenhannes. Du bist echt wunderbar. Das du das
Zeug für mich trägst. Ich weiß überhaupt nicht wie ich
das schaffen sollte. Nur gut, dass du mitgekommen bist.
Sonst wäre ich schon aufgeschmissen. Danke! Du bist
ein wahrer Freund!"

„Mein lieber Freund. Ich mach es gern.
Nicht zu helfen liegt mir fern.
Doch bitte laufe nicht so schnell,
ich mir sonst meine Beine stell.

Die Sachen versperren meine Sicht!
Was vor mir liegt das seh ich nicht.
Ich vermute nur wo lang es geht,

ich hoffe dass da keiner steht.

Steuer jetzt mal auch dahin
wo ich(!) am richtgen Laden bin!
Du weißt ich suche was für mich,
bis jetzt ging es ja nur um dich!"

Hodenhannes wird langsam etwas fuchtig. Das ist auch verständlich. Denn er will sich ebenfalls etwas kaufen. Doch er muss nur schleppen, stößt überall an und ist total angestrengt. Und dann immer mehr Menschen, überall! Und alle sind größer als er.

„Hodenhannes. Ich glaube dein Laden hat zu. Wir können aber noch einmal etwas anderes schauen. Ich, äh ich meine du, wir finden sicherlich da vorn etwas.
Ich würde dir mal helfen, dass du nicht so ganz orientierungslos bist. Nimm das Stück Leine. OK? So kannst du mir besser hinterher laufen. Ich pass auf, dass der Weg frei ist. Ich helf dir doch gern und du siehst ja wirklich überhaupt nichts."

Beide laufen durch die Einkaufsallee. Hodenhannes kommt bedeutend besser zurecht als er den Führungs-strick von Karl von Schwanz in der Hand hält.
Er will gerade wieder positiv von ihm denken, da laufen sie an einem großen verspiegelten Schaufenster vorbei.

„Oh mein Gott!! Was seh ich da?
Dieser Spiegel. Ist das wahr?
An der Leine lauf ich ihm nach!
Mein Ego liegt jetzt völlig brach.

Ich schlepp die Sachen. Allesamt!
Und was macht der Typ verdammt?
Hält die Leine! Führt mich damit!
So folge ich ihm Schritt für Schritt.

Ich sehe nichts durch seine Lasten.
Ich bin blind durch diesen Spasten.
Und er gibt mir jetzt was zum leiten.
Ich lass mich wieder vom Schwanz reiten.
Das ist ja schlimmer als zuvor!
warum mach ich sowas nur?"

WO WAR DER FEHLER?

Hodenhannes ist bedrückt. Eine Welt bricht gerade zusammen. Er ist so gedemütigt und so am Ende, dass er diese Schmach noch bis zum Auto über sich ergehen lässt. Er fährt Karl von Schwanz sogar noch nach Hause.

Doch dann überlegt er.
„Was ist denn da bloß nur geschehn?
Wie konnte es denn so weit gehn?
Er war doch immer furchtbar nett.
Er sagte nie ich wäre fett.

Er hat mich immer inspiriert,
sich über mich nie amüsiert!
Er stand mir bei und gab mir Halt!
Ich dachte: Mit dem als Kumpel wirst du alt!

Doch scheinbar ist das nicht der Fall.
Hab ich denn so ein riesen Knall?
Bin ich so dumm, dass ich nichts merk?
Nur ein blöder kleiner Zwerg?

Vielleicht kann ich auch nie mehr sein?
Bin auch im Geiste einfach klein?“

Er zweifelt an sich und dem was er tut. Die Wende
seines Lebens ist eine Sackgasse.
Doch Hodenhannes wäre nicht Hodenhannes wenn er
sich so schnell unterkriegen lassen würde. Wie war das
damals beim Fußball? Er hat sich selbst aus dem Dreck
gezogen, begann mit trainieren und hat sich verbessert.
So kann es wieder sein! So muss es wieder sein!

„Nein! So kann mein Sinn nicht sein.
Das Leben hier – es ist doch mein!
Ich glaube nicht, dass ich das bin.
In mir steckt noch so Vieles drin.

Das weiß ich, hab es oft gemerkt.
LEi und REi habens bestärkt.
Die sehen immer auf zu mir,
auch wenn ich mal hoch verlier.

Was hier mit diesem Typ geschah,
es war ein Fehler. Das ist klar.
Diesen Fehler hab ich wohl gemacht.
Und ihn erkannt! Wär doch gelacht!"

Hodenhannes geht es richtig an. Er ist ein Kämpfer und will sein Dasein als kleiner Sack nicht wahr haben. Statt im Boden zu versinken überlegt er was sein Fehler gewesen ist. Wo hat er die falsche Entscheidung getroffen? Wo ist er falsch abgebogen in der Vergangenheit? Wenn er diesen Fehler erkennt, dann kann er ihn auch wieder ausbügeln.

Hodenhannes überlegt. Er erinnert sich an einen Gedanken. Er hatte ihn und empfand diesen als wichtige Erkenntnis.

Die Worte sind noch genau im Kopf:
"Ich kenne endlich mein Problem!
Endlich lerne ich verstehn.
Ich brauche jemand der mich führt,
der mein Handeln dirigiert.
Jemand der mir sagt: Wohin!
So ergibt das alles Sinn."

Seine Augen werden groß. Sein Gesicht, es wird leer.
Noch leerer und die Augen noch entsetzter.

"Wie konnte ich nur sowas denken?
So leicht meine Person ertränken?
Und das auch noch Erkenntnis nennen?
Wie konnte ich mich so verrennen?
Was ist das für ein dummer Schluss?
Dass ich mich führen lassen muss?"

Das war die Entscheidung! Sie hat Hodenhannes zu diesem Lakaien gemacht. Zu diesem ahnungslosen Arschkriecher für diesen Schwanzkopf Karl.
Hodenhannes überlegt weiter. Was wäre die richtige Schlussfolgerung? Was kann er aus der Situation mitnehmen?

Natürlich!
"Ich kenne endlich mein Problem.
Ich ließ mir jede Wahl abnehm.

Jeder bestimmte einfach für mich.
Ich machte alles – ließ mich im Stich.

So hab ich nie für mich entschieden,
hab es später gern gemieden.
Hab es sogar als Last gesehn,
ließ so mein Leben einfach vergehn.

Die andren hatten es dann leicht.
Eine Ansage hat klar gereicht.
Schon bin ich gleich aufgesprungen,
habe nur um Lob gerungen.

Doch jetzt nutz ich die Freiheit wieder.
Entscheide selbst und bin mein Leader.
Ich bin frei und treff Wahlen allein:
Nur für mich! So muss es sein!"

Hodenhannes hat seinen Fehler erkannt! Er suchte jemand der ihn führt, weil er selbst nicht mehr entscheiden konnte. Das nötige Selbstvertrauen dazu und die Zuversicht, sie hatten gefehlt.
Aber sie scheinen zurück zu kommen. So geht er gestärkt durch sein Leben. Doch was fängt er damit nun an?

ER IST NICHT ALLEIN

Jetzt ist er wieder an dem Punkt. Er sucht einen Freund, einen Vertrauten. Denn das braucht man im Leben. Keinen Vorgesetzten oder Bestimmer.
Es gibt zwar LEi und REi, jedoch sind die beiden nicht so enge Freunde. Zumindest nicht die typischen Freunde mit denen Hodenhannes täglich um die Häuser zieht.
Doch wonach soll er gehen?

Wie vor einiger Zeit stellt Hodenhannes wieder etwas fest. Es geschieht eher nebenbei.
„Wenn ich mal in die Gegend seh,
während ich so durch die Straßen geh.
Da fällt mir ganz besonders auf:
Die Hoden! - Die sind scheiße drauf.

Jeder Schwanz hat so ein Sack,
die laufen wie nutzloses Pack.
Jeder schleicht dem Schwanz nur nach.
Jeder mit seinem Ego brach.

So gings mir also nicht allein.
Das kann doch da nicht richtig sein!"

Hodenhannes sieht die Ungerechtigkeit. Wie die großen Penistypen die kleinen dicken Säcke benutzen.

Er hat eine neue Aufgabe. Er braucht keinen Typ der ihn führt. Nein! Er führt sich selbst. Und er hilft den anderen Gleichgesinnten, die nicht so stolz im Leben stehen, wieder ihr Leben zu finden.

„Der da hinten! – Armes Schwein.
Den versuch ich zu befrein.
Der putzt die Schuhe von diesem Schwanz,
poliert bei jedem Schritt auf Glanz. "

„Hei! Wie fleißig du doch bist.
Ob das da die Erfüllung ist?
Schau zu mir. Ich bin allein!
Kein Schwanz! Was könnte schöner sein?
Keine Pflicht die ich tun muss.
Meine Freizeit! – Ein Genuss."

Hodenhannes gibt dem kleinen schwabbeligen Typ einen Zettel und geht weiter.

„Der Typ dort! Das ist ja noch schlimmer.
Ich höre schon dieses Gewimmer.
Den Weg vom Schwanz fegt er rein.
Das kann doch nicht den sein Ernst sein!
Das wäre sogar mir zu blöd.
Doch was eben so alles geht. "

„Hei! Hör mir mal kurz zu.
Was du da tust. Bist das echt du?

Ist es das was du tun willst?
Wo du vor Freude überquillst?
Du putzt den Weg für dieses Rohr.
Denk mal nach! Sei nicht so stur!"

Auch dieser Typ bekommt einen Zettel. Hodenhannes
hat keine Zeit. Er sieht an der Tankstelle einen Hodentyp der aus dem Auto vom Schwanzkumpel aussteigt
und es putzt.
Das bietet zwar auch der Tankstellenservice an. Aber
der Schwanzkumpel lehnt dankend ab. „Ich habe diesen
Hodensack. Der macht die Arbeit für mich!" sagt er frei
und offen gerade raus.

„Komm mal bitte kurz zu mir.
Los! Ich lad dich ein auf Bier.
Warum machst du das für den?
Wie kannst du denn nur so weit gehn?
Ganz offen gesteht dein Schwanzkumpel ein:
„Der putzt für mich! – Das ist so fein!"
Und du tust es trotzdem gern.
Dein eigenes Glück! – So furchtbar fern.
Hier! Lese dir den Zettel durch:
Komm vorbei, sei ruhig und horch!"

So geht es weiter und weiter. Hodenhannes verteilt
fleißig seine Zettel. Natürlich nur an Hodentypen, so
wie er einer ist. Es stehen nur ein Datum, Zeit und ein
Ort drauf. Sonst nichts! Das macht schon sehr neugierig.

DAS GROßE TREFFEN

Einige Tage verstreichen und dann ist es so weit. Hodenhannes begibt sich zu einer großen Lagerhalle. Sie liegt versteckt und nicht wirklich schön. Aber das ist auch nicht so wichtig. Die Größe zählt viel mehr.

Hodenhannes ist aufgeregt. Er wird heute eine Rede halten. Wie viele werden kommen? Das weiß er nicht. Er hat seine Zettel verteilt. Vielleicht kommt niemand? Vielleicht reicht die Halle nicht.

Schon aus der Ferne sieht er einige Stunden vorher ein paar kleine dicke Säcke bei der Halle lungern. Sie scheinen gespannt. Das erste Mal überhaupt, dass Hodenhannes Hoden ohne Schwanz sieht. Seltsam wirkt es. Irgendwie falsch. Aber es ist richtig!

Aus der Ferne signalisiert er ein kurzes „Hallo" und geht in die Halle.

Er muss noch viel vorbereiten. Sitzbänke gibt es zur Genüge. Eine Bühne für Hodenhannes gibt es auch. Es ist alles da. Das dürftige Licht funktioniert und erfüllt seinen Zweck.

Hodenhannes wartet. Die Halle füllt sich. Alle scheinen sehr gespannt zu sein. Was sie wohl erwartet? Sie kennen nur die Worte von Hodenhannes, Zeit und Ort.

Es ist so weit.

Hodenhannes legt direkt los:
„Willkommen meine schönen Hoden.
Machts euch bequem hier auf dem Boden.
Oder setzt euch auf die Bank.
Schön euch zu sehn und vielen Dank!

Was ich euch heute sagen will,
es bleibt bei euch, seid draußen still!
Es ist sehr wichtig und geheim,
ihr alle werdet Teil davon sein.
Ich sag es offen und frei raus:
Euer Leben ist längst aus!
Jeder von euch war unterdrückt,
als ich den Zettel in die Hand gedrückt.

Euer Leben lenkt ihr nicht!
Das macht nur dieses Schwanzgesicht.
Ihr macht und tut alles für ihn.
Habt euer Ich komplett verliehn.

Er entscheidet und ihr handelt!
Euer Willen ist verschandelt!
Eigens entscheiden könnt ihr nicht mehr.
Der Sinn des Lebens: Bei euch ganz leer.
Ihr macht nur noch was das Rohr sagt!
Der winkt ab wenn ihr mal klagt.

Ich hab es ganz genau gesehn!
Ruhig und dienend, im Schatten gehn.

Selbst mal wählen was gut ist.
Es fehlt euch nicht! – Weil ihrs nicht misst.
Ihr misst es nicht weil ihr es nicht kennt!
Weil ihr nur für seine Gunst rennt.

Doch merkt euch: Falsch ist was ihr tut!
Brecht da aus und habt den Mut!
Zusammen machen wir uns stark!
Verbannen diesen Psychosarg.

Egal ob Chef, ob Kumpel oder wer,
sie alle mögen euch nicht sehr!
Wenn sie euch so nutzend sehn,
dann solltet ihr bei Zeiten gehn.
Wir geben uns dafür die Kraft,
 dass jeder seinen Ausbruch schafft!"

Hodenhannes hat sich selbst übertroffen. Die Hoden-
menge ist erleuchtet, glücklich und auch bestürzt.
Bestürzt über die Sinnlosigkeit des Dienertuns in ihrer
Vergangenheit. Erleuchtet über die Einsicht und Erkenntnis an diesem Abend. Und glücklich über den Halt
und die Kraft durch die große Gruppe.
So können sie Schritt für Schritt den Ausbruch wagen.
Sie geben sich gegenseitig Selbstvertrauen und sind eine
starke Gemeinschaft. Keiner ist allein und jeder weiß,
dass es den Vormund im Leben nicht braucht.

PENISPETERS RACHE

Die folgenden Wochen verlaufen aufregend. Viele Hoden werden aufmüpfiger und orientieren sich an ihren eigenen Interessen. Den Penistypen stößt das immer mehr auf. Das leichte Leben auf dem Buckel der kleinen dicken Säcke scheint sich zu wandeln.

Penispeter spürt das ganz deutlich. Er versucht die Schwänze auch zu einem großen Treffen zu animieren. Sie müssen etwas tun! Jedoch, das ist nicht so leicht. Es handelt sich um reine Egoisten, welche überhaupt nicht in der Lage sind sich so kollektiv zu engagieren.

Eine kleinere Gruppe kann Penispeter wenigstens aufstellen. Aber so eine geballte Menge wie Hodenhannes ist einfach nicht drin. Schwänze sind da sehr revierbetont. Zu viele können sich nicht organisieren.

Tja! Die Hoden wurden von Unterdrückung getrieben und die Penisse von Verlustangst. Sie sehen eher die Gefahr in der Zukunft zu kurz zu kommen. Das ist kein guter Auslöser um sich in einer Gruppe zusammen zu schließen.

Penispeter und seine kleine Gang aus Schwänzen schmieden einen Plan gegen die Befreiung der Hoden.

„Ich habe einen Plan. Mit meinem ehemaligen Kumpel Hodenhannes hatte das damals funktioniert. Wir müssen sie ablenken und beschäftigen. Sodass die wieder einen anderen Sinn im Leben sehen und sich darauf fokussieren. Einen Sinn den wir diktieren. Vielleicht sollten wir die Gruppe auch spalten. Ich überleg mir was!"

Penispeter hat genaue Vorstellungen für einen Zweistufenplan. Durch seine kleine Gruppe hat er auch genug Kontakte um den Plan umzusetzen.

„Zuerst müssen wir sie über die Medien kriegen. Ich gründe eine Radiosendung. Das ist einfach und schnell gemacht. Die beste Zeit ist am Abend. Da gehen die Hodentypen danach ins Bett und denken nur noch daran, denn es war ja der letzte Eindruck des Tages."

Zufällig ist Karl von Schwanz mit in Penispeters Gruppe. Er hat auch die Beziehung zu einem Radiosender und kann leicht für die Ausstrahlung sorgen. Ein wenig Werbung und Lob für die Sendung werden vornweg ausgestrahlt. So puscht die Gruppe ihren teuflischen Plan.
Auch Hodenhannes weiß nichts davon und ist durch die Werbung schon gespannt was da kommt.

Hodenhannes schaltet ein und erschrickt. Er erkennt die Stimme von Penispeter.
„Was macht der Typ denn bei der Show?
Das ist doch wirklich seltsam so.
Vom Inhalt her ist es so leer,
versprochen habe ich mir mehr."

Hodenhannes hört es sich weiter an, wohl wissend um irgendeine List. Aber er möchte ja verstehen was da passiert. Die Sendung, es ist eine Art Soap, ist vorbei.

Plötzlich, total beindruckend und fesselnd, eine Werbung: „Beweis deine Stärke! Erbeute Rohstoffe und führe dein Volk zum Sieg!"

Sogar Hodenhannes ist kurz gefesselt und neugierig. Doch! Er bleibt stark und recherchiert. Es ist lediglich ein Onlinespiel.
Penispeters teuflische zweite Stufe. Die Hoden mit einem Rest Eigenantrieb und Tatendrang in diese Welt schicken und beschäftigen. Bei Hodenhannes läuten alle Alarmglocken.
Er muss die Hoden vor der Falle warnen! Doch es ist schwer. Er muss ja auch auf Arbeit seinen Pflichten nachkommen. Ihm fehlt einfach die Zeit. Nur spärlich erreicht er sein Hodengefolge.
Hodenhannes trifft einige der Hoden unterwegs und bemerkt diese seltsame Kleidung. Viele haben den gleichen Luck. Nur in verschiedenen Farben. Manche blau und manche sind in rot.
Er denkt sich nichts weiter dabei, denn jeder kann ja anziehen was er möchte. Doch dann sieht er wie sich zwei Hodentypen lautstark streiten. Der eine in blau und der andere in rot.
Hodenhannes geht sofort hin und versucht zu schlichten. Die beiden scheinen eine tiefe Abneigung gegen-

einander zu haben. Vermitteln kann Hodenhannes nur sehr schwer.

„Was haben denn die zwei genau?
Der eine rot der andre blau.
Wir alle tragen eigene Sachen,
das kann doch so viel gar nicht machen.
Doch überall seh ich die Gruppen.
Rote und blaue Hodentruppen.
Die selbe Farbe: Man kommt aus.
Die andre Farbe: Man fliegt raus!“

Hodenhannes erfährt das Geheimnis. Es sind die Farben der beiden Clans im Onlinespiel. Jetzt wird es ihm klar und er weiß natürlich, dass die Penisse dahinter stecken. Wer sonst würde etwas davon haben, dass sich die Hoden verstreiten?

„Die spalten uns mit diesem Spiel,
weil unser Plan den nicht gefiel!
Zum einen kostet das Spiel Zeit,
keiner mehr zum denken bereit.
Nur das Spiel und diese Show!
Kurz unterbrechen? – Nur fürs Klo.

Die Hoden vergessen, mehr und mehr,
den Sinn der Freizeit. Sie sind leer.
Irgendetwas muss ich tun,
das lass ich nicht auf uns beruhn.“

EINE REBELLION?

Der Plan der Penisse ist in vollem Gange. Die Hoden ablenken und das eigene Denken abschalten. Wie eine kleine Gruppe Penisse so viele Hoden beeinflussen kann. Sagenhaft!
Wenn Hodenhannes diese Radioshow genauer hört merkt er, dass der Inhalt einfach nur verblödend ist. Umso mehr ist er bedrückt darüber, dass die Hoden sich dem so hingeben.
Und im Zuge dessen der zweite Schritt. Die Hoden einander aufhetzen. Durch diese nutzlose parallele Onlinewelt, die noch mehr Zeit beansprucht. Das machen die Penisse wirklich schlau, das muss man ihnen lassen.

Hodenhannes erkennt das Dilemma. Was soll er nur machen?
„Ich seh genau was hier passiert!
Die werden einfach fernregiert.
Die Hoden verlieren ihren Willen.
Und das ganz heimlich hier im Stillen.

Gemeinsam wären wir so stark!
Doch sind wir geteilt wird das Quark!
Die eine Gruppe bäumt sich auf,
gibt der andren eine drauf.

So schwächen wir uns Stück für Stück!
So geht die Macht zum Schwanz zurück.
Sie müssen das jetzt schnell erkennen.
Sonst werden sich alle verrennen.

Verrennen in der heilen Welt,
die nur den Penissen wirklich gefällt.
Denn sie üben dort das Herrschen aus.
Ich hol die Hoden da jetzt raus!"

Hodenhannes ist jetzt so weit gegangen und hat die
Hoden doch schon so weit gekriegt. Er kann jetzt nicht
aufgeben. Er muss etwas tun um das Ruder zu reißen.

Er muss die Sendung und das Spiel sabotieren. Die
Penisse haben es zwar gut aufgebaut und organisiert.
Aber Hodenhannes kennt die Sendestation. Und er ist
kein Dummer. Er hat technisches Verständnis, ist schlau
und ehrgeizig.

Hodenhannes ist auf dem Weg zur Sendestation. Dort
angekommen weiß er was zu tun ist.
„Hier verbreiten sie den Mist.
Wo jeder Hörer sein Selbst vergisst.
Die haben nicht mal abgeschlossen
und das Ding auch grad verlassen.

Die unterschätzen uns vollkommen,
ruhig geh ich rein und ganz besonnen.

Nicht dass hier eine Falle ist.
Bin fast am Ziel – das wäre Mist!
Dort seh ich schon die Technik stehn.
Die Sendung tut von hier ab gehn.

Ich mach es einfach und ganz schnell,
verbrenne alles auf der Stell.
Es ist gerade keiner da.
Der beste Zeitpunkt! Das ist klar. "

Hodenhannes legt ein gigantisches Feuer. So voller Elan und so organisiert hat man ihn selten gesehen.

„Und schon steht das hier schön in Flammen!
Ich werd das Teufelszeug verbannen.
Der Geist der Hoden. Endlich frei!
Ich hol sie alle schnell herbei. "

Hodenhannes weiß um diese kritische Phase. Die Hoden haben sich mit dieser Show und dem Spiel wohl gefühlt. Es gab ihnen eine Stabilität in ihrer Welt, auch wenn sie dadurch nur gesteuert wurden.
Jetzt verlieren sie diesen Halt. Sie brauchen eine neue Orientierung und jemand der sie auffängt.
Er muss sie schnell alle zusammentrommeln. Hodenhannes trifft einige auf der Straße. Andere ruft er an. Durch ihr Spiel stehen die ja gut im Kontakt und können so Hodennhannes' Anliegen schnell weitergeben. Nur gibt es diese Uniform nicht mehr. Alle sind

Hoden! Das müssen die wieder begreifen. Nur dann werden sie auch erfolgreich vor ihren Penissen rebellieren.

Hodenhannes lässt den Hoden eine Nachricht zukommen.
„Ihr lieben Hoden. Ich war das!
Ja! Ich nahm euch diesen Spaß.
Ich bin ehrlich und ich steh dazu,
trefft mich nun hier und hört mir zu!"

Die Hoden finden sich wieder in dieser Halle ein.
Manche sehen wütend aus und manche neugierig.
Jetzt liegt es an Hodenhannes. Kann er alle besänftigen?
Kann er sie wieder auf den Weg führen? Den Weg, den er bereits mit ihnen anfing zu gehen? Wird er die Hoden zur Rebellion bewegen können?
Manche Hoden wollen Hodenhannes von der Bühne zerren. Andere halten sich erst einmal zurück. Es ist ein Durcheinander!
Etwas ist diesmal anders. Sie haben wirklich etwas verloren. Etwas das ihnen die Penisse gegeben haben. Allerdings etwas Unnützes. Doch es schien alles für die Hoden zu sein.
Was wird am Ende dieses wichtigen Treffens stehen?

FORTSETZUNG: DIE ERLEUCHTUNG